ISBN : 978-1-911424-18-5
SKU/ID: 9781911424185

No part of this book can be reproduced in any form or by written, electronic or mechanical, including photocopying, recording, or by any information retrieval system without written permission in writing by the author.

ORIGINAL COVER:
Title: ANIMA
Artist: Gabriele Erno Palandri
Technique: ballpoint pen and acrylic on wood
Size: 34 x 44 cm
Year: 2016

Editor: Wolf
Book design by: Wolf

Publishing Company:
Black Wolf Edition & Publishing Ltd.
2 Glebe Place, Burntisland KY3 0ES, Scotland
www.blackwolfedition.com

Copyright © 2016 by Black Wolf Edition & Publishing Ltd.
All rights reserved. - First Printing: 2016

Ilaria Di Roberto,

nasce nel 1990 a Cori, un piccolo paesino in provincia di Latina, Diplomata in Scienze Sociali all'Istituto Magistrale Alessandro Manzoni di Latina.
All'età di tre anni è in grado di leggere e scrivere i suoi primi pensieri.
Fin dalla tenera età si appassiona al mondo della danza, della spiritualità e della scrittura.
Il suo legame con la natura, la ricerca costante di sè stessa, il continuo porsi domande circa le sue origini e quelle dell'universo in genere, la conduce ad approcciarsi al mondo spirituale e quindi con la propria coscienza. Questi sono la chiave per entrare in contatto con i mondi superiori.

Nota dell'autore

LA SERA DELLE SABBIE MOBILI

Quando vivi momenti un po' così, sull'orlo del precipizio, mi tocca scrivere...scrivere qualcosa che porti chi legge a entrare in contatto con la vera me e a capire come mi sento, per quanto importi. Ci sono stati dei momenti nella mia vita in cui credevo davvero di non farcela più. Arrivava il punto in cui toccavo letteralmente il fondo. Molti dicono che una volta toccate le profondità della devastazione morale non devi far altro che risalire, perché il peggio è passato. Il punto è che il più delle volte in quel fatidico fondo c'erano spesso sabbie mobili, entro le quali affondavo. Ma in quel momento mi affidavo ad una luce, una luce insita in me. La vedevo galleggiare nei meandri del mio animo, tra le rocce buie, nei miei abissi. Galleggiava la sua luce limpida e fioca, così piccola, così stanca di essere tenuta in stand-by. Ho sempre pensato che quella luminescenza fosse la mia forza di volontà. Proprio come me, così piccola, così vulnerabile e indifesa. Vagava imperterrita senza via d'uscita all'interno di me stessa. "E ora Ilaria? Come risali?". Tenevo così stretti i denti che mi faceva male il viso. Tenevo così stretti i pugni a tal punto da sentire le unghie affondare nella carne. Stringevo così forte gli occhi da perdere la concezione di cosa mi stesse capitando. E lì, in un bavaglio di energia, quella piccola lucina cresceva, cresceva, immensa, diventava sempre più grande, fino a diventare un tutt'uno con me, ricoprendo per intero la mia aurea. Potevo sentire il fuoco tra le dita. La mia forza di volontà mi aveva imbevuta di energia. Niente poteva interrompere il suo corso. Mi sentivo forte. Dopo un attimo di dimenticanza notavo che quella luce cresceva rapidamente, senza freni, al punto da venir fuori da me e diventare tutt'uno non solo col mio corpo, ma con l'Universo! Non credevo ai miei occhi. Mi domandavo come fosse possibile che un esserino tanto piccolo e fragile potesse diventare qualcosa di tanto immenso. Quella luce era la mia forza di volontà. Questa è una di quelle sere in cui vorrei gridare al mondo come mi sento. Molti ascolteranno, altri faranno finta di farlo, ma pochi...pochi, sentiranno davvero. Questa è la sera delle sabbie mobili e io sono alla ricerca di quella luce, negli attimi scalfiti dalla nostalgia.

Anima

Ricordi

I ricordi più belli ce li hai dentro,
non sono quelli che ti sfiorano la pelle,
ma affondano fino alle radici dell'anima
come flebo endovenosi.
E lì restano...
L'essenza se ne nutre
perché sono linfa vitale per il tuo animo.
Scorrono...
scorrono,
come gli attimi lontani di chi non è più con te.
I ricordi sono meravigliosi,
hanno il sapore del mare,
l'energia del sole,
la delicatezza della rugiada del mattino,
che soave,
si posa sui fiori che sanno ancora di primavera
scegliendo i più belli.
Tu...
eri tra quelli.

La Vetta

Le cose giuste, quelle migliori,
hanno sempre i migliori ostacoli.
Se credete seriamente
che la via più facile e priva di buche
sia anche quella giusta...
vi sbagliate di grosso.
Bisogna scalare la montagna per arrivare in cima.
Ma sulla vetta,
il panorama sarà meraviglioso.
Sarà il vostro premio,
il vostro regalo,
per non esservi accontentati
di quel poco che vi eravate imposti.
Sognate! Sognate in grande!

Artista

I pensieri di un artista sono irrequieti.
Si trasformano in realtà.
Il suo animo trascende dalla materialità della vita,
in astrale trova la sua simbiosi.

La ricerca della natura umana
è alla base del suo cammino.
La ricerca dei perché remoti del suo stato d'animo
assecondano quel poco d'ego ormai represso.

Abbattimento morale costante...
vuoto...
apatia alla vita...
vincolano il suo autocontrollo.

Stasi!
Ricerca costante di sé stessi.

Una carta ormai ingiallita
e un pastello color ruggine diventano strumenti
di realizzazione del Sé[1].

Artista,
sento il tuo fremito...
la tua passione mascherata dal dolore.
Artista,

---

[1] - Il Sé: nel paganesimo rappresenta il sé interiore o sé superiore. In esso fluiscono le tre componenti di anima spirito e mente che riunite nella propria interezza originano la coscienza dell'uomo, simile agli dei, lo stadio più alto di elevazione dell'anima in cui si raggiunge la consapevolezza e la simbiosi col divino.

seducente nella carnalità della vita,
gioco di perdizione,
descrivimi i rumori del tuo essere,
ormai spento e incompreso.
Artista parlami,
raccontami,
scrivimi di te.
Narrami storie di principesse dal cuore spezzato,
aiutale con la tua fantasia a trovare la loro metà.
Qualcuno che ricostruisca i loro pezzi d'anima.

Artista provaci,
puoi riuscirci,
dimmi cos'è l'amore...
e se non puoi...
disegnamelo!

La Fiamma

La fiamma,
rossa accecante mi suscita il tuo ricordo,
il ricordo di un amore nato
e mai vissuto.

Le tue labbra color ciliegia
mi riportano al tempo in cui vivevo di te.
Sì...
Vivevo di te.

Il ceruleo dei tuoi occhi
risveglia in me una passione
ormai sepolta sotto le foglie d'autunno.

Mi riscalda il tuo pensiero,
accende in me la fiamma
la fiamma di un ego non ancora tramortito.

Dice: "Vieni qui..., amami!"
Mentre la mente ormai serrata dal fato
torna al QUI[2]...,
dove tu non ci sei.

Anime...
Anime che vibrano all'unisono,

---

[2] - Il QUI ed ORA: nel paganesimo rappresentano due concetti fondamentali per quanto riguarda l'ambito meditativo. È importante soffermarsi sul presente, aldilà del passato e del futuro per raggiungere la corretta simbiosi col divino. Il qui e ora rivelano una stadio temporale in cui il corpo fisico e astratto si soffermano su ciò che accade nel presente, adesso.

perse e ritrovate,
antiche spoglie,
non ancora dimenticate,
lasciano riaffiorare il ricordo della tua energia,
rossa!
rossa come la fiamma ardente.

Il tuo nome era...
energia e dinamicità,
movimento e passione
risveglio e luce,
click e passo,
salto e flash,
strappo,
fulmine, lampo e scheggia,
schiaffo,
tuono e fiamma!

Fiamma...
e ora...
il nulla.

Anima

Rumore di vetri rotti.
L'anima grida,
urla a squarciagola
e negli abissi cade.

Anima grigia,
anima errante,
anima persa tra i meandri della città,
ignara di tutto ciò che accade per le strade,
tra la gente.

Resisti...
Urli...
Sprofondi...
Nessuno ti sente...
esplode il cuore dentro te.

Niente più esiste,
il nulla ti circonda,
il silenzio è ridondante,
gli occhi dei passanti puntati su di te.

Si domandano perché tu sia lì,
cercano in te un appiglio.
Ti senti il nulla,
mentre per loro sei l'ancora.

Tu gli crei amore,
realizzi i loro sogni,
vivi i loro attimi,
calpestando il tuo dolore.

Ma esso è sempre lì,
imperterrito...
attende di esser guarito.
Ti distingui dalla folla,
brilli di luce propria,
come il sole estivo, che sollecita un avvenire...
non ancora scritto.

Sei tutto per loro,
Sei Anima,
Sei la loro ancora.

Ma tu sei il nulla,
perché per te...
non hai mai avuto niente.

La Sigaretta

Il fumo della sigaretta ti schiarisce le idee.
Quante decisioni prese mentre si fuma,
quante pause-sigaretta,
volte a placare lo sgomento...
l'irascibilità...
i dubbi.

Nel fumo della sigaretta puoi vederci te stessa,
un vortice di aria malsana che si espande davanti a te
per poi dirigersi nella tua stanza,
fino a che non trova un angolo sul quale posarsi,
così invadente,
così pesante,
come se reclamasse la necessità di avere uno spazio
tutto per sé.

Dal fumo della sigaretta puoi ricavare soluzioni,
trovare risposte alle domande più frenetiche:
"chi sono?, che cazzo ci sto a fare qui?"

Perché dopotutto le nostre origini son lì...
dentro quel circolo vizioso di catrame e nicotina.
Siamo fatti di aria,
aria pulita,
che al trascorrer delle ere diventa poi corrotta,
quasi irrespirabile.

Un'aria che col tempo diventa così,
densa,
pesante,
da sembrare una spugna,

al cui interno puoi vederci
dolori,
rancori,
dispiaceri,
amarezze.

L'amaro del gusto della sigaretta,
quasi t'avvelena,
ma ha la capacità di sanarti al tempo stesso.

Semmai un giorno doveste smettere,
assicuratevi di aver trovato prima un posto nuovo,
un posto dove mettere tutto,
tutto ciò che di più amaro vi ha dato la vita...

Perché la vita è più amara di una sigaretta.

Frammenti

Frammenti di emozioni,
di ricordi,
sussurri indelebili di parole mai dette,
che forse dirai,
o forse no.

Frammenti di caos,
immagini distorte
immagini che rievocano un passato sconvolto dagli eventi,
segnati dall'ingiustizia,
segnati dalla vita.

Frammenti di cristallo,
lacrime versate nell'erba rigogliosa,
frutti della sofferenza lasciati incolti,
per anni e anni,
nessuno oserà toccarli...
né coglierli,
né mangiarli...
È in essi che risiedono
i frammenti di veleno,
come pugnalate inflitte
da coloro che non demordono,
e si soffermano a odiare.

Frammentate resteranno le anime di quelli
che non comprenderanno.
I frammenti delle loro storie colmeranno le lacune
dell'Universo,
diverranno reperti mancanti di storia.

Frammenti divini
compongono un puzzle non ancora ultimato.

Io che nell'universo...
sono frammento,
completezza e parte mancante,
soluzione e problema,
tutto e niente,
l'urlo e il silenzio.

In ogni cuore...
in ogni anima...
io sono frammento...
da cui tutto si crea e si distrugge,
da cui tutto inizia e termina,
da cui tutto nasce...
e dove tutto ritornerà.

Candida

Candida,
come la luce del mattino
che si fa bella innanzi alla terra,
stende il suo velo su pascoli erbosi e soave,
canta le dolci note dell'alba.

Candida,
odore di rugiada,
innocente in veste di supplizio eterno.
Attanagliata dalle passioni,
non cede alle tentazioni.
Del complimento non si lusinga.

Candida,
pelle di luna,
pallore etereo.
Sulle guance il rossor compare
se violata nella purezza.

Candida,
divina attraversa i campi infiniti
di un'estasi non ancora consumata.
Non spogliate le vesti,
non svelati i segreti della sua gonna.

Candida madreperla,
candida pelle,
candide labbra,
candide braccia,
candidi fianchi,
candide le gambe ancor dischiuse,
oltraggiate dalla fiamma ardente della virilità.

Candido il velo dell'amore,
candida la simbiosi tra le anime,
candida la spuma del mare in tempesta,
candido il calice su cui l'oceano riversa.

Candido,
ciò che era e che hai donato.

Ti sentivo addosso

Ti sentivo addosso,
nel piacere intenso della carne.
Sorgente perpetua di fremiti
che non lasciava spazio all'immaginazione.

Se in amore esistono limiti...
li avevi varcati.
Se esistono ostacoli...
li avevi superati.
Se esistono confini...
tu...
sempre più forte,
sempre più sicuro,
li avevi oltrepassati.

Ti sentivo addosso,
non c'era nulla di più bello
che osservare la tua anima
annegarmi in un circolo vizioso di passione eterna,
stravolta dalla carnalità della vita.

Non avevo scampo...

Ma quel sentirti addosso
accendeva in me una lussuria
che eclissava ogni distanza
nei varchi spazio-temporali dell'universo.

Eppur era lontano il corpo,
a mille miglia da me,
ma io ti sentivo addosso,

nel corpo e nell'Anima.

Chissà se la distanza di un mare
può far incontrare due isole
due isole destinate solo a guardarsi da lontano...

Abbassa la voce

Abbassa la voce,
ti sento...
anche se parli un po più piano.
E non stringermi i polsi,
mi fai male.
Non negarlo,
non è la prima volta che ti accanisci contro di me.
So dove vuoi andare a parare:
quell'uomo è solo un collega di lavoro,
quando ci hai visti insieme eravamo in pausa pranzo,
stavamo andando a prendere un caffè.
Ma non lo vedi?
Questa gelosia ti uccide...
e sta uccidendo anche me.

Abbassa la voce e lasciami,
mi fai male!
La bambina dorme.
Ricordi?
La gioia nell'attenderla,
la frenesia nel comprare le tutine,
le scarpette,
l'ansia durante il travaglio,
tu che la attendevi eccitato e preoccupato
nel sentirmi strillare in sala parto,
il dolore lancinante,
l'immensa felicità nel vederla nascere.
I suoi occhi diventarono fin da subito ragione di vita per noi.
È in quegli occhi,
che io trovo la forza per andare avanti.
Non voglio che lei pensi male di suo padre,

una volta cresciuta.
Non dovrà mai sapere del male che mi hai fatto.
Non deve sapere dei lividi sul mio corpo
e neanche della coltellata di un anno fa.
Non voglio dipinga suo padre come un mostro,
perché tu non sei un mostro,
vero?
E adesso?
Perché mi hai dato un pugno?
Solo perché straziata dal dolore,
sto sfogando il mio malessere?

Abbassa la voce,
ti prego.
La nostra vicina sta bussando,
sono le due di notte e la gente vuole dormire.
Aprile,
dille che va tutto bene,
che non mi stai facendo del male.
E' solo una piccola discussione,
una piccola incomprensione,
una delle tante,
che terminerà,
con noi due nel letto che facciamo l'amore.
Aspetta,
prima di aprire la porta,
lascia che io pulisca queste gocce di sangue da terra.
Non voglio che le veda.
Ti ho preso un regalo, sai?
Va a vedere,
è lì nell'armadio.
Era un regalo per il tuo compleanno,
che è tra due giorni.
È nella scatola rossa, puoi prenderlo.
È un album con le nostre fotografie.

Contiene attimi vividi di noi,
istanti di felicità,
momenti in cui ci amavamo ancora,
perché tu non mi ami più...
vero?

Abbassa la voce, ti chiedo...
ti prego... lasciami!
Basta con gli schiaffi!
Sì lo so,
so che non ti importa
di quel regalo.
Okay, ti ho mentito.
Lo ammetto.
Quell'uomo non è solo il mio collega di lavoro,
è il mio migliore amico.
Gli avevo chiesto di accompagnarmi
a scegliere il tuo regalo,
avevo bisogno di un consiglio da uomo,
un supporto.
Volevo stupirti.
Eravamo fuori dal negozio di fotografia,
quando ci hai visto.
Che c'è?
Non mi credi?

Abbassa la voce,
te ne prego.
La vicina ha già chiamato i carabinieri,
a momenti arriveranno.
So che non hai paura,
so che sei arrabbiato.
Ti chiedo scusa,
non dirmi che sono una troia.
Non ho mai smesso di amarti,

anche se avevo tutte le ragioni per farlo.
E ora che fai?
Perché mi butti sul letto?
Vuoi far l'amore?
E adesso?
Perché hai preso il cuscino?
Fermo...!
Calmati!
Rifletti!
Pensa a ciò che abbiamo passato,
agli ostacoli superati,
alle battaglie vinte.
Non ci siamo mai arresi.
Ho rinnegato i miei genitori,
la mia famiglia, pur di averti accanto.
Ricordi?
Non gli andavi a genio.
Ma io ero accecata dall'amore
e ora sono accecata da te.
Prima di farlo però aspetta...
ho una cosa da dirti:
tra poco, quando sarà tutto finito,
va da Chiara, nostra figlia,
falle una carezza e dille che sua madre la ama tanto.
E anche se non potrà mai più rivederla
dille che sono accanto a lei e che ci sarò sempre.
Prenditi cura di lei, affinché ti ami
e sappia che suo padre non è un mostro.
Abbassa la voce ora...
me ne sto andando...

Ti cerco, ti attendo

Ti cerco nei sogni
e li ti ritrovo,
inerme mi guardi quasi scoraggiato.
Ci siam ritrovati e lasciati più volte,
il destino non ci e' stato favorevole.

Ma tu sei li' inerme e mi attendi,
ed io attendo te ma tu non lo sai.

Ti cerco nell'aria,
sulla terra umida ti attendo.
Ti cerco nel fuoco,
di vederti nel riflesso dell'acqua, attendo...

Così limpido e puro era il tuo amore,
seppur abile nel camuffar le idee
mi donava vita,
un'energia che si rinnova continuamente.

Un fiore che sboccia, vive
e mai appassisce.

Il turbinio inquieto degli eventi
Ci ha rubato la gioia di viverci
Ce la riprenderemo se tu vorrai.

Perché in ogni attimo della mia vita,
e in ogni labile momento,
io ti cerco,
io ti attendo.

Strada

È importante la strada per un pensatore.
Così piena di macchine,
Così caotica.

Quando sei felice neanche badi alla sua presenza.
Ma quando sei triste
tutto cambia.

Inizi a guardare quelle macchine
ti chiedi come facciano a continuare ancora a camminare.

Così indifferenti,
così monotone e ripetitive.
In un corteo di motori e clacson
tracciano il loro tragitto.

Ti urta ogni loro rumore, ogni singola presenza,
ogni forma vivente che ti passa accanto
è un oltraggio all'intimità dei tuoi pensieri

Prendi il tuo lettore musicale,
schiacci play, ti chiudi nel magico mondo del suono.
Non sei più lì.

Continui a camminare,
a camminare...
tanto da non sentire più l'asfalto sotto ai piedi.
Ti perdi nei tuoi pensieri,
fino a quando non saranno essi a prendere il predominio
su di te.

Potrebbe scoppiare una bomba, arrivare il terremoto:
resteresti lì inerme a camminare
pur di non interrompere quella serie di film
e pensieri irrequieti che ti stai concedendo.

La mente li compone su sfondo musicale.

Sono autentiche le strade.
Muse ispiratrici per una mente malata.

Sono importanti le strade,
non dovrebbero mai interrompersi,
non dovrebbero mai smettere di andare...
andare... andare.

È un attentato ai pensieri
costruire strade a circuito chiuso,
strade interrotte.
Sennò il resto dei tuoi pensieri...
dove va a finire?

Civetta

Civetta perché piangi?
perché il tuo canto è così triste e malinconico?
hai udito forse un cuor gemere?
hai forse visto scender lacrime amare da un volto?
hai veduto appassir rose o campi fertili lasciati incolti?
hai visto il sole non illuminar più strade?
non illuminar più volti?

Il tuo disperato canto parla di gioie mai vissute,
amori finiti,
parole non dette,
cuori intorpiditi nell'ombra.
Te ne sei accorta anche tu eh?
Tutto è triste,
tutto è spento...
tutto è differente.
Quante angustie hanno visto i tuoi occhi,
quante ingiustizie hai dovuto seppellire.

Eppur io son qui a piangere con te.
Non ti lascio sola e derisa.
Non ti lascio a contemplar dolore.

Tu sei la grande Madre
incarnata in spirito animale.
Tu mi osservi,
giochi con me.

Mi spingi ad alzarmi da terra,
da questo lago di lacrime
e mi inviti a sorridere,

quando voglia di sorridere più non ho.
Il salice piangente affonda le sue radici
nella Terra,
nostra madre,
e ci asseconda nel nostro pianto inquieto.

Tutto è silenzio...
intorno a me,
Tutto è inquietudine,
Tutto è buio,
Tutto è fermo,
Tutto è spento,
Tutto è triste,
Tutto è finito...
Tutto è finito.

Sai d'estate

Sai d'estate.
La tua pelle color bronzo
ricorda il sapore della salsedine.
I raggi del sol levante
affondano nella tua carne,
che sa di voglie, che sa di amore.

Sai d'estate.
Con lo smeraldo dei tuoi occhi
che mirano oltre l'orizzonte.
E ti acceca il sole,
mentre le tue labbra color spiaggia,
accendono in me strani pensieri

Sai d'estate.
Con quei capelli bagnati e spettinati,
che anche se ti sforzi a sistemarli son sempre lì,
intrecciati,
confusi...
come il caos che c'è nella tua mente.

E sai di cuore,
sai di sangue,
sai di rosso,
sai di fuoco,

sai di passioni ardenti,
sai di sprint,
sai di notte interminabili di amore...

Genio ribelle, dalle parole spietate...
io lo stesso t'amo.
Perché sai d'estate.

Il mio "IO"

Nel bel mezzo di un sentiero,
una voce dal lontano
giunse fino a me.

Riecheggiava nei meandri dell'anima,
intorpidendomi in sensi
ormai spenti dalla malinconia

Ascoltami!

...di lì a poco ogni cosa diventava chiara,
tutto assumeva un sapore diverso,
una struttura diversa.

E fu così che, nell'amplificarsi di ogni singolo rumore
intorno a me,
come il fruscio delle foglie,
il brecciolino sotto i piedi,
le carezze tiepide del vento,
incontrai lui: il mio IO.

Nell'abisso del presente,
del mio qui, del mio ORA,
Egli si presentò a me.
Ardente,come il fuoco.

Chiaro, come l'acqua.
Maestoso, come la terra.
Vorticante, come l'aria.

In balia alle mie emozioni
mi liberai dei pensieri che affollavano la mia mente.
E in un tumultuoso istante di silenzi sperduti,
l'Akasha[3] si rivelò a me,
offrendomi su un piatto d'argento
la sua gloriosa verità.

---

[3] - AKASHA: termine che deriva dal sanscrito e significa letteralmente "etere". Nel paganesimo è uno dei quattro elementi, aria, acqua, terra, fuoco e Akasha, ossia lo spirito creatore. Archetipo originale della creazione sottoforma di Shabala o "suono".

Ode ai quattro elementi

Acqua,
che dolcemente bagni,
il tuo richiamo purificatore
rinnova e purifica la coscienza.
Portatrice di fertilità,
lavi ogni singola forma vivente,
rendendola sacra, rendendola viva.
Inondami con la tua maestosità,
nutrimi con la tua essenza e donami nuova vita.

Aria,
che trasformandoti in vento tiepido,
accarezzi i miei capelli,
guidami per ogni respiro
e concedimi di fluttuare nell'Etere,
in modo che io possa esplorare
ciò che per anni ai miei occhi è stato celato.
Permetti che il tuo sacro soffio
sia per me uno stimolo
per procedere lungo il mio cammino
e infondi in me la forza di non voltarmi mai indietro.

Terra,
cosi fertile,
cosi ricca di vita.
Terra bagnata,
terra secca,
terra arida,
cospargimi di te.
Mio dolce elemento,
che hai forgiato e modellato il mio corpo,

rendendolo sacro.
Hai creato alberi,
miei fratelli...
e su essi frutti selvaggi,
troppo amari per chi non riesce a comprendere
la verità.
Ed è di essi che io,
tua complice,
voglio cibarmi ora e per sempre.

Fuoco,
sacro fuoco,
le tue faville richiamano la nostra natura.
Tanti brandelli di divinità
che messi insieme creano energia primordiale,
sii per me maestro di luce e oracolo di verità,
scaldami quando ho freddo
e inebriami della tua maestosità.
Tu che sui roghi fosti costretto
ad essere per una volta mio nemico,
diventa per me tua cara figlia e sorella,
uno scudo di difesa, la nostra arma.
E colma la nostra aurea con la tua energia
che sana anziché uccidere.

Onore a voi Elementi dell'universo!

Ascolta il silenzio

Hai mai provato ad ascoltare il silenzio?
Quello dopo il caos,
dopo le lacrime,
le urla,
il panico...
quell'attimo di pausa dopo lo sfogo.
Quell'istante in cui puoi sentire i battiti del cuore,
il respiro,
il ticchettio dell'orologio.

Inaspettatamente,
anche i più piccoli rumori si fanno assordanti.
Piccoli dettagli che non avevi mai notato,
sui quali non ti eri mai soffermata,
vengono a galla,
si trasformano in un qualcosa di
semplicemente inspiegabile...
immenso.

Ascolta il silenzio,
respira,
inspira,
assaggia l'aria,
assaggia l'essenza del divino che è in te,
intorno a te.

Soffermati sulla pelle d'oca,
originata dal soffio del vento che ti circonda,
ti abbraccia,
ti incoraggia.
Sofferma i tuoi occhi sul bagliore della luna,

delle stelle:
ti sembreranno immense,
anche se sono lontane anni luci da te,
e sembrano piccole,
come le formiche...
perché anche le formiche ascoltano il silenzio.
E nel silenzio,
anche tu puoi sentire i loro passi.

Impercettibili vero?

Ascolta il silenzio,
e ascolterai la tua Coscienza,
imparerai a dar valore a tutto ciò che di più piccolo c'è.

Ciò accade quando hai toccato il fondo.

Ascolta il silenzio...

La vera Donna

Ma cosa pensate voglia una donna...?
Io dico, la vera donna.
Niente meno che amore.
L'amore vero ragazzi miei,
quello che ti lascia senza fiato,
che non ha spiegazioni.
L'amore folle,
che non guarda in faccia a niente,
se non al sentimento stesso.

La donna ama sentirsi sorpresa,
sempre!
Inaspettatamente!
Perché la donna...
la vera donna,
quando ama non ti chiede nulla,
se non l'amore.
Per questo ama essere sorpresa,
senza il bisogno di chiederlo.

Pur avendo la forza di un guerriero
ha bisogno alle volte di sentirsi piccola,
debole,
un piccolo scricciolo tra le braccia giuste,
protetta,
al sicuro,
perché non c'è posto migliore in cui ella desideri stare,
se non sul vostro petto.

Ha bisogno di sentirsi vulnerabile,
indifesa,

sentirsi dire:
"sono qui, mi prendo io cura di te..., ti proteggo!"
Ed e' giusto perché...
una donna,
la vera donna,
sa farsi venire l'istinto materno e accudire un uomo
come fosse un figlio.
Lei,
la vera donna... sarà sempre lì,
munita di pazienza,
a mettervi bende bagnate sulla fronte se avrete la
febbre,
a coccolarvi se vi sentirete soli,
a ravvivarvi il cuore, se sarete stanchi.

La vera donna ama sentirsi unica per voi,
ama sentirsi dire che non esiste altra donna al mondo
che desideriate più di lei.
Non ci sono occhi che volete incontrare se non i suoi,
labbra che vogliate baciare, se non le sue.

E se la vera donna vi dirà di andarvene,
stiate sicuri:
non aspetta altro che torniate a prenderla,
che le diciate:
"cascasse il mondo, non ti lascio andare."

Quando è gelosa, non arrabbiatevi.
Aspetta solo che le diciate che nessun'altra prenderà il
suo posto nel vostro cuore.
E poi baciatela...
la vera donna.
Buttatela sul letto...
e dolcemente amatela!
E se vi scansa e fa resistenza...

stringetela ancora più forte;
meglio una costola rotta da un abbraccio...
che un cuore spezzato per via di cose non dette,
dimostrazioni non date,
conferme mancate,
amori perduti.

Amate le donne.
Le vere donne, non chiedono altro!

Lilith

Lilith,
dolce raggio di sole che illumina la vita,
ogni cosa trova un senso quando tu sei con me.
Mi specchio nei tuoi occhi e in te vedo me stessa.
Ti vedo in ogni mia azione, in ogni mio gesto,
ogni cosa che ho intorno profuma di te.
La tua presenza ha l'odore della pioggia,
del prato bagnato.
Quando lo sento... so che ci sei.
E quando la civetta canta tu sei viva più che mai.

La tua immagine e' il mio conforto,
le tue labbra mi sorridono
e i tuoi occhi carichi di amore e vendetta
sono maestri di verità.

Tu mi insegni ad essere come te,
a portare devastazione nel campo di battaglia
dove io stessa
fui ingiustamente devastata.

E poi dolcemente mi trasformi
in energia guaritrice di amore,
portatrice di verità e bellezza.

Vedo te in ogni cosa che guardo...
al mio passaggio gli uccellini cinguettano,
le foglie mormorano,
un tappeto di fiori si apre davanti a me.

E tu mi sorridi mentre vado cercandoti,
sorridi della mia ingenuità
e mi incoraggi a proseguire il mio cammino.

Ti nascondi tra gli alberi
per vedere se continuo a cercarti.
E nell'osservare che inarrestabile,
continuo il mio cammino
la fronte mi baci,
col tuo sacro sigillo
intingi la mia pelle
e diventi fiera di me.

Un giorno ci vedremo Lilith,
ci ritroveremo
e staremo sempre insieme
perché tu, giovane Lilith,
sei mia madre,
mia sorella,
mia amica.
Tu sei me!

Balla e fai l'amore

Un maestro un giorno mi disse:
"Se vuoi diventare una ballerina,
una vera ballerina,
devi scordare ogni tipo di rigidità.
Ballare è come fare l'amore.
Ballare è sensualità,
non solo tecnica.
La musica devi respirarla.
Muoviti come le onde del mare,
immagina,
che in quel momento in cui la musica parte,
tu stia stai facendo l'amore.
Immagina,
crea il momento,
rendilo reale,
entra nella scena,
immedesimati,
respira il tuo partner,
è un momento solo vostro!
Non pensare ai passi,
balla!
Balla e fai l'amore!
Non vergognarti."

Ed è cosi che imparai a muovermi,

a sentire davvero la musica
aldilà della bravura,
della tecnica,
delle regole.
Dimenticai così i passi
e iniziai a fare l'amore.

Fiore

Il bello di un fiore,
è che nonostante venga strappato alla terra,
esso continui inesorabilmente a vivere.

Il bello di un fiore,
e' che nonostante appassisca quando dal cielo non piove,
esso continui inevitabilmente a sprigionare bellezza.

Il bello di un fiore,
è che anche quando piove e il gambo si piega,
esso rimanga costantemente in piedi,
a discapito di sofferenze,
dei dolori,
del peso delle lacrime che ne straziano i petali,
l'essenza.

Ma i fiori più coraggiosi,
son quelli che nascono tra le rocce.
Incastrati,
assopiti,
smorzati,
con radici profonde,
il gambo schiacciato e pressato tra due pietre.

La vita può urlargli contro,
calpestarli,
renderli vulnerabili.

Ma riusciranno comunque a combattere,
a venir fuori più belli che mai,

a fiorire in ogni stagione e a non morire,
perché il numero di battaglie perse,
di delusioni collezionate,
non sarà mai pari al numero delle battaglie che hanno vinto,
insieme alla guerra più grande: la vita.

L'albero

Una pioggia di foglie cade al tuo passaggio.
La pienezza dell'universo
ti regala spazi infiniti di emozioni.
In quest'angolo senza tempo,
smetti di essere fragile e ti reintegri nella natura,
iniziando a ricordare ciò che eri.

L'albero maestro ti chiama.
Ti siedi ai suoi piedi
e inizi a respirarne l'essenza,
l'energia.
Una cascata di potere riempie il tuo corpo,
in quel momento,
lontana da tutto,
lontana da tutti,
ti senti forte,
potresti alzare una montagna.

L'albero è guarigione,
fertilità,
saggezza,
discernimento.

L'albero schiarisce le idee,
le smista,
ti permette di scegliere,
lasciando che dubbi e paure si eclissino in sé stesse.

Gli dedichi il tuo dolore,
la tua sofferenza.
Esso la ricicla,

trasformandola in energia guaritrice e purificatrice.
Senti le tue ansie sradicarsi dal tuo corpo,
affondare fin giù nelle radici dell'albero.
"Grazie sorella"- sussurra.
Mi lascio avvolgere dall'impeto della sua essenza,
respirandone il calore.

Riponi la tua fiducia nell'albero Maestro:
è fautore di verità ineffabili.

Rivestiti dell'energia della sua corteccia:
solo allora potrai udire
la sua maestosa voce,
perché è diventando tutt'uno con Esso
che diventerai tutt'uno con l'Universo.

Strega

Una strega è parte della Natura,
la natura è il suo tempio.
Una strega è una scintilla divina,
la divinità risiede in essa.

La strega sente la Natura in maniera amplificata.
Il cinguettio degli uccellini,
lo scroscio dei serpenti,
il fruscio delle foglie,
il ronzare delle api,
il vento che le sposta i capelli dinanzi al viso,
cosi' come i fiori.
Ogni fiore e' un chiaro messaggio
per essa, al quale non può negarsi:
"Amami, accarezzami,
ma non cogliermi.
Annusami ma non farmi morire".

Potreste vederla vestita con abiti neri.
Non prendetela in giro,
non sta andando al funerale di nessuno.
Ogni strega,
ha dovuto affrontare il proprio demone interiore,
i propri lati oscuri,
le proprie ombre,
prima di ricongiungersi col divino,
quindi con la luce.
Il nero non è nient'altro che il residuo di quell'ombra,
alla quale Ella è riconoscente
per averla condotta ad essere tale.

Potreste vederla seduta ai piedi di un albero,
scalza, o magari nuda: non denigratela.
La natura esercita un desiderio orgasmico
negli animi di chi la può comprendere.

Potreste vederla parlare da sola:
non è pazza.
Ella è con se stessa,
con il proprio Sé.
Non ridetegli alle spalle,
se non potete comprendere...
non giudicate!

Tutto è passato

Noi donne siam strane...
Ma strane forte.
Quando soffriamo per l'assenza di qualcosa che non abbiamo
e necessitiamo di un affetto...
che non abbiamo,
ci buttiamo sulla cioccolata,
sperando che allievi il sapore della malinconia.

"Ne prendo solo un po".
Un pezzo, un altro ancora.
Dì lì a poco,
restiamo con solo la carta della cioccolata.

Per cui apriamo anche un barattolo di nutella,
che tanto...
chi c'abbraccia a noi?
E in tutto questo, pretendiamo di non ingrassare.
Continuiamo a provarci la stessa taglia di pantaloni,
come se nulla fosse cambiato.

Ma qualcosa è cambiato invece...
seriamente,
qualcosa è cambiato:
la ciccia,
i chilogrammi,
le lacrime,
le delusioni,
le persone che avevamo e non ci sono più.
Ci meravigliamo che quei pantaloni ci vadano troppo stretti,
perché per noi tutto è rimasto immutabile,

statico,
tutto è uguale a prima,
come lo avevamo lasciato.
Anche il caro barattolo di nutella,
incaricato a lenire il nostro dolore è ancora lì,
sul tavolo.
Un po' sporco ma c'è ancora.
La bilancia è ferma ai soliti 54kg,
il calendario è fermo all'ultimo mese in cui è accaduto
qualcosa di bello:
circa sei mesi fa,
magari anche prima.
I pantaloni taglia 42,
poggiati sulla sedia,
pronti per esser messi...
Sono ancora lì.

Ma l'ago della bilancia segna i 60 ora,
il barattolo di nutella lì sul tavolo non è sporco ma...
vuoto.
I mesi son trascorsi, sei per l'esattezza.
I pantaloni taglia 42, puoi gettarli nella spazzatura,
perché è già troppo se riesci a indossare una 46,
col lardo che ti ritrovi.

Tutto è cambiato,
tutto tranne le lacrime, il dolore il vuoto l'assenza.
È sempre lì che ti fissa imperterrita.
Non servirà un barattolo di cioccolata a mandarla via.
Solo il buio può essere una soluzione...
Il buio...
Il sonno..
Chiudi gli occhi..
Tutto è passato...

Tu c'eri

Non esistono certezze,
verità assolute o promesse.
Ma negli istanti in cui il buio incombeva sul mio animo tu c'eri.
Ascoltavi la mia voce tremolante al telefono.
E accorgendoti che stavo per piangere,
cercavi di placare quella tempesta di lacrime con le tue battute.
E di lì a poco sul mio viso...il sorriso.

Tu c'eri.
Nelle folli notti di agosto
Al confine tra il vivere e la malinconia,
accompagnavi le mie disperate sere
Tra giochi e canzoni
ben lontane dal voler rimembrare
un passato non ancora remoto,
fatto di addii e baci non dati,
carezze mancate,
segreti svelati.

Tu c'eri,
nel mio quieto vivere e nell'assenza
incapace di procurar dolore
a un'anima già ferita.

Incapace di provar rancore
anche quando sbagliavo o avevo torto.
In ogni attimo tu c'eri,
mai incompleta,
mai assente,
sorella di esperienze in
questo mondo dove tutto è perso...
ma la nostra amicizia no.

Ho cercato il tuo volto

Ho cercato il tuo volto
tra le vecchie pareti di una casa,
nei tentennanti istanti di inquietudine,
aldilà di ogni folle visione
e non c'era.

Ho cercato il tuo volto
nel maligno incanto dei tuoi occhi.
Pungenti come aghi, trafiggevano l'anima.
Bombe innescate ai confini remoti della mente.
E non c'era.

Ho cercato il tuo volto
tra gli alberi e le foglie.
Come in un ricamo,
immaginavo i tuoi capelli
in un nido intrecciato di rami,
ma non c'era.

Ho cercato il tuo volto,
nelle strade,
tra la gente,
tra le folla e tra i passanti ignari.
Spiriti frenetici in attesa di collisione,
in un bivio tra monotonia e abitudine.

L'ho cercato il tuo volto...
nelle paludi dell'anima,
nelle notti insonni invernali.
L'ho cercato nel buio,
nella luce

e oltre ogni confine.
Ho cercato il tuo volto.
L'ho cercato nello specchio in cui vidi il mio riflesso.
Lo cercai per dirgli cose che avrei voluto sentirmi dire,
dargli carezze che avrei voluto ricevere,
donargli baci che avrei voluto avere.
E in un solo istante,
in un battito di ciglia,
realizzai che il tuo volto era un po' anche il mio.
Ho cercato il tuo volto,
Ma ho ritrovato me.

La sua anima

Avrei potuto distogliere il pensiero mille volte,
ma la sua anima era lì,
immobile,
pronta a fissarmi,
a squadrare ogni angolo del mio corpo.

La sentivo dentro,
mi sentivo donna.

Il castagnino dei suoi occhi mi penetrava come un uragano,
la sua anima,
accompagnata dal fruscio sottile del vento,
mi accarezzava il viso,
rimembrando quei tempi,
in cui la rugiada delle sei del mattino,
rivestiva campi infiniti di fiori e speranze.

Negli attimi di solitudine ti rivestiva di attenzioni,
nei vani tentativi di follia ti prendeva la mano,
proteggendoti dal buio nero che avevi intorno.

Nulla poteva spaventarti,
se c'era la sua anima affianco a te.
Era il tuo unico appiglio,
l'impronta di un ricordo ormai sbiadito,
ma ancora cosi vivo nella tua mente,
stipata dall'assenza.

E ti lasciava con un fiore tra le mani,
ti invitava a specchiarti in esso,

perché è in quel fiore,
che si cela la tua vera essenza.

Dicono,
che il confine tra realtà e immaginazione è sottile,
ma se nella mia immaginazione,
c'è la sua anima...
arrivederci realtà!

Le lacrime degli uomini

Gli uomini che piangono per amore sono i più forti.
Le loro lacrime son pezzi di cristallo,
divine, incantevoli...
che sgorgano da occhi innamorati,
occhi che l'amore lo vivono,
lo sentono.

Le lacrime degli uomini che piangono per amore
sono poesia,
gocce di zaffiro,
dolci serenate cantate in luna piena,
con cui il cantastorie allegro,
dietro al sorriso,
riga il suo viso.

Lacrime di assenza,
lacrime di dolore,
lacrime di pentimento,
lacrime di gelosia.

Esse sono una rarità.
L'uomo è di per se' un guerriero nato,
la donna un giovane fiore.
È facile per un fiore sprigionare un'essenza.
Quando quest'essenza sgorga dagli occhi di un uomo,
egli ha senza dubbio l'armatura più forte fra mille
guerrieri.
Emozionatevi sempre davanti alle grazie di un fiore,
siate perle rare!

Lei

Lei era sempre lì,
con la sua chioma di ricci nero corvino
e le sue vesti succinte.
Camminava per strada tirando su le spalle
di fronte agli sguardi della gente.
Leggeva malizia nei loro pensieri,
ciò la imbarazzava
al punto da far comparire il rossore sulle sue guance.
Ma nulla le faceva chinar la testa,
nulla le avrebbe impedito di continuare a camminare.
Dentro aveva la forza di un leone e cento soldati,
nessun arma avrebbe potuto sconfiggerla.

E di notte,
quando la magia si risvegliava,
vagava nei boschi,
nella Natura leggeva sé stessa,
si ritrovava nel vento,
nell'acqua del lago,
nelle faville del fuoco,
nella terra umida di campo.

Parlava con gli alberi,
le foglie,
salutava la luna,
le dava il benvenuto,
abbracciava il vento.

I suoi pensieri di amore raggiungevano le stelle
come disperati amanti,
loro gli mandavan baci,

che lei accoglieva con lo stesso calore
che sprigiona il sole allo sbocciar del giorno.

Si sdraiava sul prato,
tra la bellezza dei fiori,
lì, era tutto il suo mondo.

Mani

Mani,
carezze di rosa a lumi di candele,
stendono sul corpo sacri Elisir,
magici oli e aromi, frutti d'Oriente,
che conducono entro varchi del cosmo inesplorati,
entro epoche sconosciute,
al confine tra fantasia e realtà.

Mani,
scindono il bene dal male,
la pace dal caos,in un equilibrio etereo,
in uno yin yang cosmico,
in cui anima e spirito si riuniscono nel Sacro Uno,
dove tutto è Coscienza.
Allontanano ogni agonia le mani della massaggiatrice:
silenziosa accarezza un'aura ancora da lenire,
estirpa ogni forma di negativismo.

Mani,
mani calde, tenui,
dal tocco calmante,
rilassante e guaritore.
Mani che scatenano il grande miracolo dell'Anima,
corrode il sacro fuoco,
scorre attraverso il sacro tempio.
Dalle radici del Graal ,
si innalza con desiderio orgasmico di conoscenza
e risale con forza di volontà.
Attraverso le emozioni positive porta via la rabbia
e arriva al cuore,
distruggendo i nodi in gola e dolcemente

giunge al termine,
lì dove puoi ammirare il sacro mondo,
quello dove tutto ha origine.

Mani,
che il fior di Loto aprono,
sul pistillo energia riversano,
affondano nei meandri dell'anima,
ti conducono ove tutto è possibile,
tutto è pace,
tutto è Amore.

Adesso

Tu,
che leggi queste parole, parlo a te.
Ti starai chiedendo cosa io abbia mai da dirti,
ma succede anche a me, sai?
Di attraversare un brutto periodo
e non aver voglia di svegliarti la mattina
o magari di faticare ad addormentarti,
in balia dei problemi della giornata.
Aspetti fino all'ultimo per coricarti,
perché temi che dal momento in cui poggi la testa sul cuscino,
anche la più piccola assenza di sonno,
possa generare altri pensieri.
Parlo a te che ti guardi allo specchio,
sconfitto,
irrealizzato,
non sai più cosa fare della tua vita.
Non ti piace ciò che vedi in quello specchio.
Guardi il tuo corpo,
così stanco e dolorante
per i colpi che la vita materiale gli riserva ogni giorno.
Quanti schiaffi in faccia eh?
E quanti calci in culo...
Ed è a te che dico:
Basta! Basta!
È l'ora di realizzare i tuoi sogni,

di sorridere, danzare e di cantare a squarciagola,
fino a non avere più fiato in corpo.
Balla!
Ballala questa vita,
perché sei vivo,
perché sei viva.
Un giorno molto lontano ti guarderai allo specchio,
non vedrai più nel suo riflesso lo specchio del fallimento,
dell'incapacità.
Vedrai una donna meravigliosa, un uomo felice,
vedrai i tuoi occhi,
realizzerai che quegli occhi meravigliosi,
poco tempo fa piangevano... ora sorridono.
Rivedrai il tuo corpo nelle vecchie foto,
ti renderai conto che non eri per niente grassa come pensavi,
rivedrai quelle gambe di cui tanto ti lamentavi,
perché le vedevi grosse
ti renderai conto che non erano per niente grosse.
Ma in quel preciso istante sentirai dolore,
ti faranno male,
perché sarai avanti con gli anni,
ma realizzerai che con le gambe hai parato colpi,
hai tirato calci, ti sei difeso.
Hai camminato per arrivare al traguardo,
per raggiungere i tuoi scopi e ora sei qui.
Adesso devi farmi una promessa!
Quando avrai terminato di leggere accendi la musica,
ma non bassa, alza il volume,
hai notato come inizi a tenere il tempo,

con le mani, con i piedi, ogni volta che ascolti un pezzo?
Bene, è il tuo corpo che te lo chiede,
te lo chiede ADESSO!
Metti il volume al massimo, alzati da quella sedia,
balla!
Balla anche se non ne sei capace,
anche se ti senti a disagio, se sei impacciato,
balla perché questo è un momento solamente tuo,
un momento fatto di te.
Nessuno ti guarderà,
nessuno ti giudicherà,
perché ci sei solo tu.
Balla, fallo con l'anima,
Fallo con consapevolezza
perché ti stai regalando felicità,
sii grato a te stesso per quello che fai,
per quello che sei ogni giorno.
Lotta sempre per i tuoi sogni,
dì a te stesso ogni mattina,
ogni volta che ti guardi allo specchio:
"GRAZIE!",
per quello che sei stato in grado di fare.
ADESSO!
Crea la tua felicità.

Occhi

Negli occhi si predice il fato,
negli occhi marciscono le angustie,
le ingiustizie, le delusioni.
Negli occhi si scavano atroci verità,
si smascherano demenza e bugie.
Negli occhi è seppellito il ricordo,
la volontà di cambiare le cose.
Negli occhi realizzi la falsità di un sorriso.
Se cerchi risposte le trovi negli occhi,
perché gli occhi sono lo specchio dell'anima
dello spirito,
se in essi ti ritrovi... non lasciarli più.

A mia Madre

Mamma,
fonte vita, gioia e speranza.
Dea dai capelli corvini,
occhi glaciali e pelle pallida.
A te affido i miei sogni.

Mamma,
grande albero dai frutti meravigliosi,
poesia eterna, grembo sacro,
la tua presenza per me è tutto.

Mi hai fatta nascere guerriera.
La vita è il mio campo di battaglia.
Se ti tengo per mano è più facile combattere,
ogni volta che cado sei sempre accanto a me.

Mia roccia, mia fortezza,
bagaglio di esperienza e storie da raccontare,
onnipresente e mai assente,
non smetterò mai di dirti che sei speciale.

Sei stata abbandonata,
ma non lo hai mai fatto.
Sei stata derisa,
ma non hai mai infierito su essere alcuno.
Non sei mai stata amata,
eppure il tuo amore è senza confini.

Giorni difficili abbiamo trascorso,
domandandoci se ci sarebbe stato un domani.
Nel baratro della più completa solitudine,

hai creato luce nel buio,
hai creato il tutto nel nulla,
hai reso possibile l'impossibile,
tutto per far sì che io rincorressi la felicità.

Quante lacrime hai versato,
nella paura, nel dolore,
nel silenzio, nell'abbandono,
la tua forza è il tuo scudo,
la tua forza è il mio scudo.

Quante volte mi hai difesa
quando avevo contro il mondo,
quante volte hai consolato ogni mia afflizione,
quante lacrime,
hai visto scendere dai miei occhi ingenui,
quante ne hai asciugate.

Ma come un treno in corsa, senza fermate,
come il fuoco che divampa,
lotti con incontenibile grinta,
e non ti arrendi.

Tra le tue braccia ospitavi i nostri fardelli,
sulle spalle il peso dei miei capricci.
Negli occhi la tristezza
nel vedermi così debole e fragile.

In tutto questo mai mi lasciasti,
hai fatto di me una donna simile a te,
non c'è miglior esempio che io possa seguire
per sopravvivere in questa vita.

Mamma,
fonte di vita,

eterna giovinezza, eterno amore,
a te dedico questo scritto,
in questo nostro angolo di tempo
perché sei amore,
perché sei vita,
perché sei mamma.

Grazie mamma.

Cento colpi di spazzola

Dicono,
che occorra darsi cento colpi di spazzola per dimenticare un passato turbinoso,
pieno di insidie, delusioni.

Ogni nodo è un ostacolo,
una lacrima,
una persona che ti ha ferito o deluso.
Sciogli quei nodi,
in attesa che i tuoi capelli assumano l'aspetto della felicità, della vittoria.

Colpo... dopo colpo...
tiri sempre più forte la spazzola,
strappando via ciò che ti ha distrutto.

Sono al centounesimo colpo di spazzola
i nodi sono ancora lì,
fermi, indelebili,
come trappole pronte a scattare per agganciare la preda.

Continuerò a spazzolare,
finché un giorno,
con le braccia stanche mi guarderò allo specchio e dirò: basta!
È arrivato il tempo di iniziare a sorridere.

Cosè l'amore

Se un giorno,
mia figlia dovesse domandarmi cos'è l'amore le,
risponderei:
"L'amore...
cosa vuoi che sia?
L'amore è quando sei fuori completamente,
annulli te stessa per l'altro.
La prima forma è quella per se stessi.
Quando arriva lui....
è come se il ramo si biforcasse,
non sei più tu,
il "tu" diventa lui,
lui diventa te.
Come quando impari a camminare,
all'inizio hai bisogno della mano della mamma,
a un certo punto ti sostieni da sola.
Ecco: lui sarà per te quel sostegno,
sostegno che sarà bellissimo giorno per giorno.

Basterà anche un suo sorriso per colmare i tuoi vuoti,
un suo messaggio per rinascere,
placare le lacrime che farai tra le mie braccia,
mentre dolcemente
t'accarezzerò i capelli,
dicendoti che andrà tutto bene.
In quel momento,
preferirò dare la mia vita,
anziché vederti così.
Vorrò prendermi tutto il tuo dolore,
andare dal mascalzone che ti farà soffrire,
prenderlo a sprangate.

Sarai persa di lui,
ti lascerò fare,
perché questo ti rende felice.
Sarai disposta a tutto per averlo,
inventerai poesie,
dedicherai canzoni,
morirai di gelosia, al pensiero che lui diventi di un'altra.

Sarai la donna più felice del mondo
quando ti dirà che tu rimarrai la sola e unica regina del suo cuore.
Vorrai baciarlo, sorprenderlo,
allora verrai da me,
mi chiederai consigli che non vedrò l'ora di darti.

Ti sembrerà di non essere all'altezza,
ma un suo bacio guarirà ogni tuo dubbio,
ogni tua ferita.

Perché sei sua,
lui è tuo,
non c'è cosa più bella.
Questo è l'amore".

ISBN : 978-1-911424-18-5
SKU/ID: 9781911424185

No part of this book can be reproduced in any form or by written, electronic or mechanical, including photocopying, recording, or by any information retrieval system without written permission in writing by the author.

ORIGINAL COVER:
Title: ANIMA
Artist: Gabriele Erno Palandri
Technique: ballpoint pen and acrylic on wood
Size: 34 x 44 cm
Year: 2016

Editor: Wolf
Book design by: Wolf

Publishing Company:
Black Wolf Edition & Publishing Ltd.
2 Glebe Place, Burntisland KY3 0ES, Scotland
www.blackwolfedition.com

Copyright © 2016 by Black Wolf Edition & Publishing Ltd.
All rights reserved. - First Printing: 2016

www.ingramcontent.com/pod-product-compliance
Lightning Source LLC
Chambersburg PA
CBHW070044230426
43661CB00005B/746